Las escolopendras gigantes

Grace Hansen

Abdo
ANIMALES ESPELUZNANTES
Kids

Abdo Kids Jumbo es una subdivisión de Abdo Kids
abdobooks.com

abdobooks.com

Published by Abdo Kids, a division of ABDO, P.O. Box 398166, Minneapolis, Minnesota 55439.

Printed in the United States of America, North Mankato, Minnesota.

102021

012022

THIS BOOK CONTAINS RECYCLED MATERIALS

Spanish Translator: Maria Puchol

Photo Credits: Alamy, iStock, Science Source, Shutterstock

Production Contributors: Teddy Borth, Jennie Forsberg, Grace Hansen
Design Contributors: Dorothy Toth, Pakou Moua

Library of Congress Control Number: 2021939791

Publisher's Cataloging-in-Publication Data

Names: Hansen, Grace, author.

Title: Las escolopendras gigantes/ by Grace Hansen

Other title: Giant centipedes. Spanish

Description: Minneapolis, Minnesota: Abdo Kids, 2022. | Series: Animales espeluznantes | Includes online resources and index

Identifiers: ISBN 9781098260736 (lib.bdg.) | ISBN 9781098261290 (ebook)

Subjects: LCSH: Centipedes--Juvenile literature. | Insects--Juvenile literature. | Insects--Behavior--Juvenile literature. | Curiosities and wonders--Juvenile literature. | Spanish language materials--Juvenile literature.

Classification: DDC 596.018--dc23

Contenido

La escolopendra gigante

Los ciempiés gigantes viven en muchos sitios del mundo. Hay muchas **especies**. Pero la más grande de todas vive en América del Sur en la selva amazónica.

América del Norte
África
selva amazónica
América del Sur

Este ciempiés gigante tiene el cuerpo largo y plano. ¡Puede crecer hasta medir un pie de largo (30.48 cm)!

Sus más de 40 patas le permiten escabullirse por el suelo de la selva. Algunas veces incluso sube por los árboles.

El primer par de patas después de la cabeza son unas tenazas. Estas tenazas se llaman forcípulas y expulsan un **veneno** mortal para sus **presas**.

Caza y alimentación

Los ciempiés gigantes se esconden en lugares húmedos y oscuros durante el día. Por la noche salen para cazar.

Son unos extraordinarios cazadores. Envuelven fuertemente a sus **presas** con las patas y les perforan el cuerpo con sus forcípulas.

Principalmente comen insectos y gusanos. Pero también comen otras **presas** más grandes, por ejemplo sapos y ratones. ¡Aunque incluso se les conoce por comer murciélagos!

Crías de ciempiés gigante

Las hembras de ciempiés gigante son madres cuidadosas. Envuelven los huevos con su cuerpo para protegerlos.

Los ciempiés recién nacidos se llaman **larvas**. Las larvas nacen con todas sus patas. Las madres los protegen pero pronto serán suficientemente grandes para cuidar de sí mismos.

Más datos

- Las patas de un ciempiés gigante están hechas para atacar rápidamente. Aunque también para huir velozmente del peligro.
- El **veneno** del ciempiés gigante puede matar a **presas** pequeñas.
- Este veneno también es tóxico para los humanos. Pero, aunque no es fácil que mate a los humanos, sí podría causarles dolores fuertes, inflamación y fiebre.

Glosario

especie – grupo específico de organismos con similitudes entre ellos y capacidad de reproducirse entre ellos y no con otros grupos.

larva – insecto en estado de crecimiento, después de salir del huevo y antes de cambiar a su forma adulta.

presa – animal que es cazado para ser comido por otro animal.

veneno – sustancia tóxica que algunos animales producen. Se introduce en la presa con una mordida o una picadura.

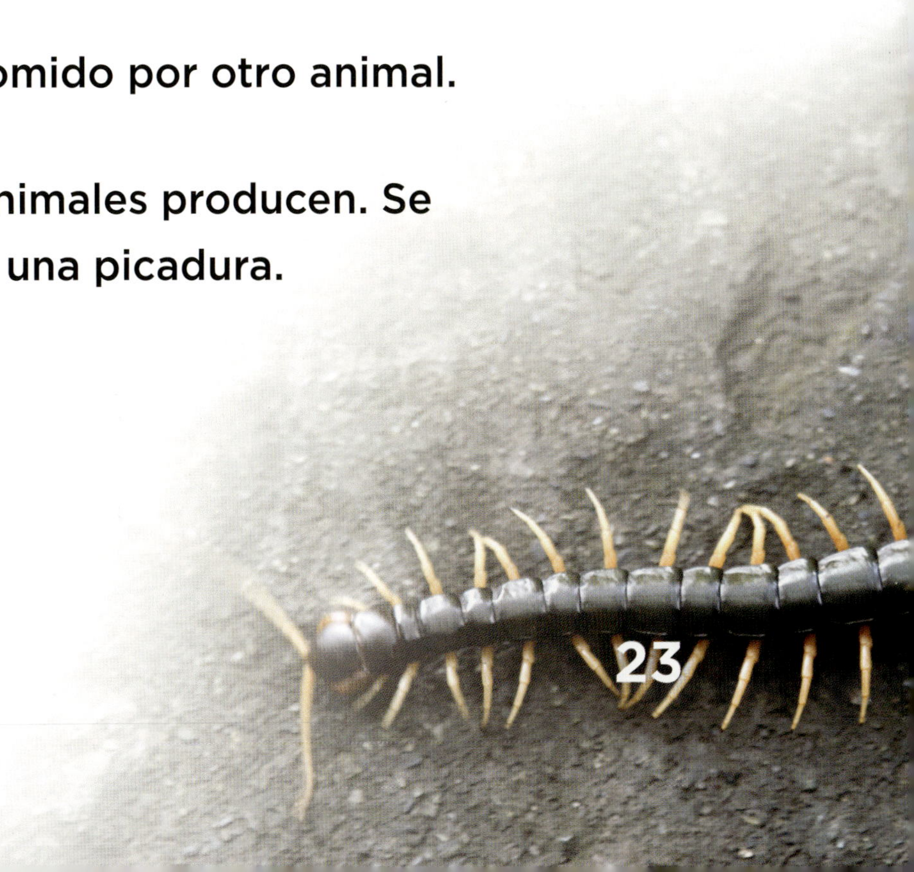

Índice